BEI GRIN MACHT SICH IHR WISSEN BEZAHLT

- Wir veröffentlichen Ihre Hausarbeit, Bachelor- und Masterarbeit

- Ihr eigenes eBook und Buch - weltweit in allen wichtigen Shops

- Verdienen Sie an jedem Verkauf

Jetzt bei www.GRIN.com hochladen und kostenlos publizieren

Bibliografische Information der Deutschen Nationalbibliothek:

Die Deutsche Bibliothek verzeichnet diese Publikation in der Deutschen Nationalbibliografie; detaillierte bibliografische Daten sind im Internet über http://dnb.d-nb.de/ abrufbar.

Dieses Werk sowie alle darin enthaltenen einzelnen Beiträge und Abbildungen sind urheberrechtlich geschützt. Jede Verwertung, die nicht ausdrücklich vom Urheberrechtsschutz zugelassen ist, bedarf der vorherigen Zustimmung des Verlages. Das gilt insbesondere für Vervielfältigungen, Bearbeitungen, Übersetzungen, Mikroverfilmungen, Auswertungen durch Datenbanken und für die Einspeicherung und Verarbeitung in elektronische Systeme. Alle Rechte, auch die des auszugsweisen Nachdrucks, der fotomechanischen Wiedergabe (einschließlich Mikrokopie) sowie der Auswertung durch Datenbanken oder ähnliche Einrichtungen, vorbehalten.

Impressum:

Copyright © 2014 GRIN Verlag
Druck und Bindung: Books on Demand GmbH, Norderstedt Germany
ISBN: 9783668682214

Dieses Buch bei GRIN:

https://www.grin.com/document/419474

Anonym

Humanitäre Intervention. Kongo 1960 und Libanon 1976

GRIN Verlag

GRIN - Your knowledge has value

Der GRIN Verlag publiziert seit 1998 wissenschaftliche Arbeiten von Studenten, Hochschullehrern und anderen Akademikern als eBook und gedrucktes Buch. Die Verlagswebsite www.grin.com ist die ideale Plattform zur Veröffentlichung von Hausarbeiten, Abschlussarbeiten, wissenschaftlichen Aufsätzen, Dissertationen und Fachbüchern.

Besuchen Sie uns im Internet:

http://www.grin.com/

http://www.facebook.com/grincom

http://www.twitter.com/grin_com

Institut für Politikwissenschaften

Humanitäre Interventionen (WS 14/15)

Essay

Humanitäre Interventionen – Kongo 1960 und Libanon 1976

Inhaltsverzeichnis

Einleitung:	3
Kongo 1960:	3
Libanon 1976:	5
Einordnung der Interventionen:	7
Literaturverzeichnis:	10

Einleitung:

Das vorliegende Essay mit dem Thema „Humanitäre Interventionen – Kongo 1960 und Libanon 1976" ist im Rahmen des Moduls Internationale Beziehungen im Seminar „Humanitäre Interventionen" verfasst. Inhalt des Seminars war das Besprechen und Einordnen von möglichen Humanitären Interventionen, sowie die Potentiale und Probleme zur Konfliktlösung zu erkennen.

Kongo 1960:

Die Intervention der Vereinten Nationen im Kongo 1960 ist in der Zeit des Ost-West-Konflikts angesiedelt und wurde von den handelnden Personen teilweise als Bühne jenes Konfliktes genutzt (Debiel 2003: 66). Die UN-Operation (ONUC) bzw. die Krise ist von unterschiedlichen Interessensparteien geprägt, darunter nicht nur die Streitparteien im Kongo, sondern auch Länder wie Belgien, Frankreich, Großbritannien, die Vereinigten Staaten von Amerika sowie die Sowjetunion (Kacza 1990: 112). Nachdem 1959 die Städte Léopoldville und Stanleyville in der Belgischen Kolonie von Unruhen erschüttert wurden, wurde eine Unabhängigkeit des Kongo in Aussicht gestellt. Am 20. März 1960 vereinbarten die wichtigsten Führungspersönlichkeiten des Kongo in Brüssel mit der dortigen Regierung die Verfassung für die anstehende Unabhängigkeit (Debiel 2003: 66). Trotz der erreichten Unabhängigkeit von Belgien, bestand die Führungsspitze der Kongolesischen Armee weiterhin aus Belgischen Offizieren, weshalb es zur Meuterei der Soldaten, sowie zu Gewaltakten gegenüber den dort lebenden Belgiern und Europäern kam. Als Reaktion darauf griffen belgische Soldaten ein und eroberten die wichtigsten Städte des Landes. Da der Protest der Kongolesischen Regierung ignoriert wurde, wandte man sich an die USA, die UdSSR und vor allem an die Vereinten Nationen. Ein weiteres Problem stellte die Abspaltung der südlichen Provinz Katanga vom Kongo dar, die von Provinzpräsident Tshombé forciert und von der belgischen Regierung, aber auch von westlichen Unternehmen, sowohl militärisch als auch finanziell wohlwollend unterstützt wurde, da Katanga aufgrund der Bodenschätze von zentraler wirtschaftlicher Bedeutung war (Debiel 2003: 67). Am 14. Juli beschloss der Sicherheitsrat mit der Resolution

143 im Kongo zu intervenieren, jedoch zu beginn ohne klare Zielsetzung wie die Zentralgewalt wieder herzustellen oder militärisch für Schutz zu sorgen. Vielmehr wurden der begriff „Aggression" vermieden um erst einmal auf Verhandlungsbasis die zerstrittenen Parteien zur Einigung zu bewegen. Die strikte politisch neutrale Haltung von Generalsekretär Dag Hammerskjöd wurde dabei von vielen Staaten kritisch gesehen, wenngleich niemand alternativ intervenierte. Die Hoffnung der Vereinten Nationen durch ONUC der Kongolesischen Führung Zeit zu verschaffen um die politische Krise regeln zu können, stellte sich als ineffektiv heraus (Durch 1993: 315). Dies lässt sich daran erkennen, dass die ungeklärte Machtfrage aufgrund der Katanga-Sezession weiter erhalten blieb, trotz einer 20.000 Mann umfassenden Truppe von Blauhelmen (Debiel 2003: 68). Darüber hinaus kam es im September 1960 zur Verfassungskrise und Regierungsentmachtung, da Präsident Kasavubu und Ministerpräsident Lumumba sich im Machtkampf gegenseitig ihres Amtes enthoben. Der Stabschef der Armee Joseph Mobutu hat daraufhin, mit Hilfe westlicher Staaten die Führung des Kongo übernommen. Lumumba, der sich eines Massakers an 1.000 Menschen Katangas schuldig machte, wurde im Januar 1961 an Katanga ausgeliefert und unter Anwesenheit belgischer Offiziere gefoltert und ermordet (Debiel 2003: 69). Die UdSSR sah Moise Tshombé und seine belgischen Unterstützer als Mörder an und prangerte die Vereinten Nationen an, da das Verbrechen unter UNO-Flagge stattfinden konnte. Darüber hinaus wurde auch der Rücktritt von Dag Hammarskjöd gefordert, was jedoch als Angriff auf die UNO im Kontext des Kalten Krieges gewertet wurde (Kacza 1990: 111). Nachfolgend eskalierte die Situation und es kam zu militärischen Angriffen auf UN-Personal, sodass die Vereinte Nationen mit der Resolution 161 ein „robusteres" Mandat beschlossen um ein Bürgerkrieg zu verhindern, sowie ausländische Soldaten zum Rückzug zu bewegen (Debiel 2003: 69f). Mit Hilfe der UNO konnte im August 1961 schlussendlich eine neue Regierung gebildet werden, die von allen Streitparteien im Kongo als legitim angenommen wurde. Der Generalsekretär Hammarskjöld verstarb bei einem ungeklärten Flugzeugabsturz im September, woraufhin eine Neuausrichtung der ONUC Ziele stattfand. Es wurde am 24. November 1961 eine weite Resolution verabschiedet, die für das Ende der Katanga-Sezession sorgen sollte. Dies stellt ein neues Ziel dar, da seit beginn

der Kongointervention durch die UN die Katanga-Sezession vernachlässigt wurde bzw. keinen hohen Stellenwert für die UNO besaß. Am 15. Januar 1963 erklärte Provinzpräsident Tshombé den Sezessionsversuch für beendet.

Libanon 1976:

Im libanesischen Bürgerkrieg, der 1975 begann, standen sich hauptsächlich zwei Parteien gegenüber. Auf der einen Seite der Konfliktparteien stand die linksgerichtete und islamgeprägte **Libanesische Nationalbewegung** (LNM) und auf der anderen Seite die rechtsgerichtete und christlichgeprägte **Libanesische Front** (LKP). Den größten Teil des LNM machten linksgerichtete Muslime aus, die sich mit der aus Jordanien vertriebenen PLO verbündeten. Hauptmitglieder der LKP waren rechtsgerichtete und konservative Christen, die überwiegend von Israel und später von Syrien unterstützt worden sind.

Der Konflikt brach nach einem Attentat, dass von einer christlichen Miliz, Phalange, auf einen mit Palästinensern besetzten Bus verübt wurde, aus. Alle palästinensischen Insassen wurden dabei getötet. Infolgedessen attackierten palästinensische Kämpfer Mitglieder der Miliz in Beirut. Jassir Arafat bat nach diesem Massaker schon um erste diplomatische Interventionen, um den Konflikt zwischen dem Libanon und den Palästinensern beizulegen (Odeh 1985, 132). In der Nacht vom 13. April traf sich die LNM und beschloss den Rücktritt von LKP Ministern und ein Verbot der Organisation zu fordern.

Weiterhin forderten sie von der LKP, die beschuldigten Täter des Attentats auszuhändigigen, was aber nicht geschah. Außerdem wurde Israel beschuldigt, die Spannungen zwischen den beiden Lagern zu verstärken und sogar womöglich für das Attentat mit verantwortlich zu sein. Es kam zu weiteren Kämpfen und die Situation begann auf dem politischen Level außer Kontrolle zu geraten (Odeh 1985, 134).

Als der Premierminister des Libanon seinen Rücktritt aufgrund der Konflikte der beiden Lager erklärte, wurde aus den bewaffneten Konflikten zusätzlich auch ein ernsthafter politischer Konflikt. Syrien versuchte frühzeitig mit beiden Parteien zu verhandeln, aufgrund von radikalen Strömungen in beiden Lagern konnte aber keine Einigung erzielt werden.

Israel begann nun Stellungen des LNM zu bombardieren, unteranderem auch Flüchtlingscamps. Die Gründe für ein Eingreifen Israels sind vielschichtig, aber hauptsächlich sollte verhindert werden, dass die Palästinenser, vorallem die PLO, an Stärke gewinnen und einen eigenen palästinensischen Staat verwirklichen können.

Syriens Rolle war ähnlich von eigenen Interessen geprägt, wie die israelische. Hauptsächlich sollte die Region stabilisiert und ein weiteres starkes muslimisch geführtes Land verhindert werden. Geprägt wurde diese Rolle vor allem von den Interessen und den Politikvorstellungen der umliegenden arabischen Länder, in erster Linie von Syrien selbst und Saudi Arabien.

Während die LNM immer weiter auf eine Spaltung des Landes drängte, drohte Syrien bei einem Spaltungsversuch eine Invasion Libanons an und Israel ließ verlauten, dass es nicht einem Wachstum von muslimischer Kraft tatenlos zusehen würde (Odeh 1985, 151).

Am 24. Januar 1976 verkündete der Führer der LNM das der Krieg vorbei sei. Im Vorfeld war mithilfe der Initiative Syriens eine umfassende Verfassungsänderung von beiden Seiten vereinbart worden. Mitte Januar war aber klar, dass diese Regierung nicht funktionieren konnte.
Bei der tatsächlichen Abstimmung zur Verfassung kam es zu weiteren Unstimmigkeiten, da hauptsächlich muslimische Interessen durchgesetzt werden sollten. Dies war weder im Interesse der LKP noch im Sinne der Verhandlungsleitung Syrien.

Im März des gleichen Jahres kam es wieder zu schweren Kämpfen zwischen den beiden Parteien und die Gebietsgewinne der LNM entsprachen keinesfalls der Idee Syriens für den Libanon. Am 1. März traf sich ein US-Diplomat mit den einzelnen Führern der verschiedenen Parteien, um mögliche neue Präsidentenkandidaten zu finden. Die Franzosen unterstützten mit ihrem eigenen Diplomaten eher die syrische Initiative und die Schwächung der LNM im Libanon.

Der LNM verurteilte sämtliche Einmischung von außen in die Souveränität Libanons, sei es durch die Syrer oder die USA. Syrien sicherte die Wahl eines LKP freundlichen Präsidenten im Libanon.

Am 1. Juni 1976 drangen syrische Truppen in den Libanon auf bitten des damaligen Präsidenten ein. Durch diese Invasion wurde es der LKP ermöglicht zuvor verlorenes Gebiet wieder zurück zu erobern.

Am 9. Juni 1976 treffen sich die Mitglieder der Arabischen Liga und legen einzelne Punkte fest. Unteranderem soll die syrische Arme durch eine arabische Armee ersetzt werden und ein Waffenstillstand ausgehandelt werden. Dies widersprach den Interessen der LKP völlig und am 11. Juni forderten sie einen Austritt aus der arabischen Liga. Syrische Truppen zogen sich daraufhin aus einigen Gebieten zurück, um einer Arabischen Armee zu weichen. International wurde der syrische Vorstoß in den Libanon weiterhin hauptsächlich durch Frankreich unterstützt, da die beiden eine gleiche libanesische Idee vertraten.

Die Kämpfe dauerten weiter an und am 17. Oktober traf sich die Arabische Liga, um die Lage im Libanon weiter zu besprechen. Dort wurde eine arabische Armee, bestehend aus Saudi Arabien, Sudan, Yemen, Libyen, den Vereinten Arabischen Emiraten und Syrien, beschlossen und zu einem Dialog zwischen den Seiten aufgerufen. Diese arabische Armee eroberte bis zum 20 November alle wichtigen Großstädte zurück und setzte am 8. Dezember eine neue Regierung ein.

Einordnung der Interventionen:

Im Folgenden werde ich nun die im Seminar aufgestellte und für unsere Zwecke gültige Definition erneut aufführen und anhand dieser die Interventionen Kongo 1960 und Libanon 1976 bestimmen und diese als humanitär oder eben nicht einzuordnen.

Seminar Definition:
Eine HI ist das Eingreifen eines oder mehrerer Staaten in das Hoheitsgebiet eines anderen Staates mit dem Ziel eine Minderheit bzw. die Bevölkerung vor Menschenrechtsverletzungen zu schützen, ohne dabei ein Eigeninteresse zu verfolgen. Eine HI ist unabhängig vom Erfolg oder Misserfolg gegeben.

Nach der Unabhängigkeitserklärung Kongos zeigte sich die Unregierbarkeit des Landes, mangels gebildeter einheimischer Politiker und Führungspersönlichkeiten. Es kam zu Kämpfen und Aufständen innerhalb des Landes. Die ehemaligen belgischen Besatzer waren nun Verfolgte und flohen überwiegend aus dem Land. Die neuen Machthaber Kongos ersuchten Hilfe bei der UN, den USA und der damaligen Sowjetunion.

Um das überleben der belgischen Minderheit im Kongo zu gewährleisten, schickte Belgien Soldaten in die Region.

Laut der im Seminar formulierten Definition wären somit zwei Kriterien für eine Humanitäre Intervention erfüllt. Belgien griff in fremdes Hoheitsgebiet ein und schützte dort die belgische Minderheit vor Menschenrechtsverletzungen. Hinzu kommt, dass es sich hierbei um eine durch den Sicherheitsrat später autorisierte Mission handelt. Diese wurde jedoch später stark von der Sowjetunion kritisiert und diese forderte unteranderem eine Ersetzung des ONUC-Streitkräftekommandierenden, da es zu Folter und Ermordungen im Beisein belgischer Offiziere gekommen war. Die sog. „Kongo-Krise" entwickelte sich zum einem Stellvertreterkonflikt des kalten Krieges zwischen den beiden Großmächten USA und UdSSR.

Unabhängig von den russischen Forderungen wurde dem UN-Generalsekretär eine gewisse Parteilichkeit während der Konfliktlösung unterstellt. Das Verfolgen von Eigeninteressen würde per Definition gegen eine Humanitäre Intervention sprechen.

Wenn man das Ergebnis des ONUC-Einsatzes betrachtet, so zeigt sich, dass dieser nicht ansatzweise die politischen Konflikte des Landes geregelt hat und dieses in einem instabilen Zustand von den UN-Streitkräften verlassen wurde.

Da wir uns jedoch im Seminarkontext da drauf geeinigt hatten, dass eine HI unabhängig von Erfolg oder Misserfolg gegeben ist, kann dieser Punkt als unerheblich betrachtet werde.

Der ONUC-Einsatz war meiner Meinung nach legal und hatte die Absicht den Konflikt Vorort zu regeln. Desweitern wurde versucht die belgische Minderheit zu schützen, sowie gravierenden Menschenrechtsverletzungen zu unterbinden. Ein gewisses Eigeninteresse und parteiisches Handeln wird sich immer bei handelnden Akteuren finden. Somit ist der Einsatz als Humanitäre Intervention einzuordnen.

Im Libanon 1976 zeigt sich ein ganz anderes Bild. Dort lassen sich die damaligen innerstaatlichen Unruhen vor allem durch das vorherrschende Gewaltenteilungsmodell begründen. So war es im Libanon vorgesehen, dass die drei wichtigsten Staatsämter durch Vertreter der drei größten gesellschaftlichen Gruppen bekleidet wurden. Dieses Modell führte zu einem schwachen und angreifbaren Staat. Die Bürger des Landes vertrauten nicht mehr auf ihre politischen Vertreter im allgemeinen sondern wandten sich ausschließlich an solche, die ihre Konfession und Stammeszugehörigkeit hatten. Ein innerstaatlicher Konflikt zwischen den griechisch orthodoxen, den Sunniten, den Chiiten, den Druzen war somit unausweichlich. Hinzu kamen die aus Israel geflohenen Palästinenser, welche in Flüchtlingslagern untergebracht waren. Diese formierten sich teilweise im Südlibanon an der israelischen Grenze, welches dazu führte das Israel Truppen entsendete und den Südlibanon besetzte. Bei dieser Intervention handelt es sich um eine klar militärische. Der Staat Israel fühlte sich bedroht und besetze aus Eigeninteresse, dem Selbstschutz das feindliche Gebiet.

Auch der spätere Eingriff Syriens war im hohen Maße von Eigeninteresse geprägt. Zwar wurde mit Frankreich und den USA zusammen das Einsetzen eines christlich geprägten Präsidenten vorangetrieben. Jedoch ging es Syrien lediglich da drum einen stärken Einfluss auf den Libanon und den gesamten Nahenosten zu haben. Später zeigte sich auch das Syrien die Hisbollah, welche wenn nicht als terroristische Vereinigung gilt, zumindest als fundamentalistisch anzusehen ist, im Libanon etabliert hat um noch stärker Einfluss nehmen zu können. Seid 1992 ist die Hisbollah auch im Parlament vertreten. Es ging also nie um ethnische Gründe oder die der Konfession. Sondern viel mehr um machtpolitische Fragen.

Auch der Eingriff von Seiten der USA und Frankreich verfolgte das Ziel durch die Unterstützung Syriens einen Partner gegen das Regime im Irak zu gewinnen.

Zwar waren all diese Eingriffe, solche in das Hoheitsgebiet des libanesischen Staates, sie waren jedoch durch verschiedenste Eigeninteressen geprägt und dienten nie dazu Menschenrechtsverletzungen zu verhindern bzw. zu lindern. Ein UN-Mandat wurde zwar erteilt. Es handelt sich trotzdem meiner Meinung nach um eine militärische Intervention und keine humanitäre.

Literaturverzeichnis:

Durch, Wiliam J. (1993): The UN Operation in the Congo: 1960-1964

Debiel, Tobias (2003): UN-Friedensoperationen in Afrika. Weltinnenpolitik und die Realität von Bürgerkriegen. Ulm

Kacza, Thomas (1990): Die Kongo-Krise 1960-1965. Bamberg

Odeh, B. J. (1985): Lebanon – Dynamics of Conflict

BEI GRIN MACHT SICH IHR WISSEN BEZAHLT

- Wir veröffentlichen Ihre Hausarbeit, Bachelor- und Masterarbeit

- Ihr eigenes eBook und Buch - weltweit in allen wichtigen Shops

- Verdienen Sie an jedem Verkauf

Jetzt bei www.GRIN.com hochladen und kostenlos publizieren